飾る　身につける　贈る

はじめての
手作り小物

ぶきっちょさんでもできる
かわいい**30品**！

はじめに

はじめまして、かっぱです。

小さい頃に絵を描いたことはありますか?
きっと誰もが、かわいい生き物や家族の似顔絵などを
描いた記憶があるのではないかと思います。

何かをきちんと描いたことがない、という人もいるかも
しれません。でも、チラシの裏やノートの端に、
なんとなく落書きをしていたことはありますよね。

もの作りは、そんなお絵かきの続きのようなもの。

好きだから描く、というくらいまっすぐに。
好きだから、という理由だけで作ってよいのです。

小さい頃のお絵描きと、もの作りには、ひとつ違いが
あります。それは、もの作りは完成度が気になって
しまうということ。初めからうまく作れることより、
理想と現実の違いに驚くことのほうが多いはず。

なぜだろうと気になったら、もう一度、その好きなものの
観察が始まります。 色が違うのか、形が違うのか、
大きさが違うのか……。そうして好きなものの新しい
魅力に気づけたときの喜びは、ひとしお。

できあがったものを見たときに、何を感じるでしょうか?
うまくできてもできなくても、何かを感じられることが、
もの作りの魅力だと思います。
この本が、そんなきっかけになれれば幸いです。

CONTENTS

この本の作り方について

♣かかる時間は、
★☆☆＝1時間以内、
★★☆＝2時間くらい、
★★★＝3時間以上　となっています。
ただし、乾かす、固めるのにかかる時間
は省いています。
♣難易度やかかる時間は目安です。
♣仕上がりの大きさは目安です。お好きな
大きさにアレンジすることもできます。

かっぱのもの作りは
こんな道具を使っています

作品作りに必要な道具たち。特別なものはほとんどなく、
みなさんの家にあったり、100円ショップで手に入ったりするものばかりです。

接着剤

のりや多用途接着剤、木工用接着剤などを作品の材質や用途によって使い分けます。先が細いものだと、はみ出しにくいので便利。

カッター

太いものを切るときは大きなカッター、画用紙は普通のカッターを使うと楽ちん。石粉粘土を切るときは、刃先が細く鋭いデザインナイフで。

ハサミ

ハサミは布切り用と、紙切り用で使い分けています。プラ板や紙コップなど厚みのあるものは、刃が太く力を込めやすいハサミがおすすめ。

カッターマット

カッターを使うときのほか、机の汚れを防ぎたいときにも使えます。

コンパス

円を描くときに使用します。コップなど身近な丸いものをなぞってもOK。

定規

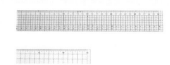

線をまっすぐ引きたいときや長さを測りたいときに使用します。

ピンセット

なくても作れますが、小さなビーズなどを扱うときにはあると便利。

ピンバイス

固まったキャンドルやレジンなどに、穴をあけるための道具です。

千枚通し

細かいワイヤーの加工に使用。先端まで力が入り、キレイな形が作れます。

テープ類

紙を接着するときは、のりよりも両面テープのほうが強く止まります。マスキングテープは、制作途中のものを仮止めするのに使用。

紙コップ

接着剤やキャンドルを混ぜるときに使います。使い捨てだから楽ちん。

筆

接着剤やキャンドルを塗るときには筆で。太いもののほうが扱いやすい。

針

縫い糸のときは縫い針、刺繍糸やレース糸など太い糸のときは刺繍針に。

ビニールクロス

レジンの枠作りはこれで。側面まで光が当たり、しっかりと硬化します。

紙

コピー用紙や厚紙、名刺カードなどを作りたいものに合わせて使い分けます。

ニッパー

ワイヤーをカットするときに使います。ラジオペンチでもできますが、あると便利。

ペンチ

ワイヤーの加工に。細くてもしっかりつまめるので、安心して作業できます。

綿棒&つまようじ

はみ出たレジンを拭き取ったり、細かい部分を調整するときに不可欠なアイテムです。

バット

液体を使うときに使用。大きいサイズなら、のびのびと作業ができます。

洗剤

羊毛フェルトを固めるときに使います。普通の食器洗い用洗剤でOK。

手袋

羊毛やレジン制作の際に使用。手のサイズに合ったものだと作業がしやすいです。

クリップ

制作中の作品の仮止めに。まち針の代わりとしても使うことができます。

ちょっと特別な道具たち

ポンポンメーカー

なくてもできますが、使うとあまりに簡単＆キレイにポンポンが作れて嬉しくなります。

水風船＆空気入れ

コットンボールの土台に使います。小さく丸く作りやすいため、かわいい仕上がりに。

ガチャガチャカプセル

アイスクリームキャンドルの型。大きさや形を変えても、面白いアイスができるかも！

ホットプレート

キャンドルを溶かす際に使用。低めの温度を保てるので、じっくりと作業できます。ない場合は湯せんでも。直火にかけるのは発火の危険があるのでNGです。

ニードルマット＆ニードル

羊毛を絡める際に使用します。針はゆっくりと動かすと折れにくく、作業がスムーズ。

UVライト

レジンを硬化させるライト。さまざまなサイズがあるので、使いやすいものを選んで。

型

原型作りや抜き型として使います。型の形から作品作りのアイデアを考えるのも楽しい！

耐熱容器

キャンドルを溶かすときに。耐熱性のものであれば、素材はステンレスでもガラスでもOKです。

紙と糸で作る

丁寧に折ったり、重ね合わせたり、巻き付けたりすることで、ただの紙や糸が愛着の湧くアイテムに。何の変哲もなかったものが、かわいい作品に仕上がっていく様子を見ていると、わくわくが止まりません。

コットンボール

レース糸を水風船に巻き付けて作るコットンボール。
糸を通せばガーランドに、ライトにつければ
ガーランドライトとして楽しめます。

材料 （直径約5cm 1個分）

◆レース糸（ピンク）   そのほかの色

道具

◆水風船   ◆ハサミ
◆紙コップ   ◆ハンガー
◆木工用接着剤   ◆洗濯バサミ
◆水   ◆縫い針
◆筆

作り方

① 紙コップに木工用接着剤を入れる。

② 木工用接着剤の倍の量の水を加え、筆でよく混ぜる。

③ 水風船を膨らませ、形を丸く整える。

④ 形を整えながら、水風船の口を結ぶ。

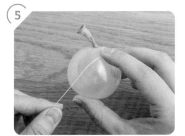

⑤ 水風船に、レース糸を巻き付ける。

POINT
巻き始めは、レース糸の端を指でおさえるのがコツ。

⑥ 巻き始めをレース糸でおさえるように1周させて、固定する。

⑦ 巻き始めから指を離し、さらにくるくるとレース糸を巻いていく。

POINT
ランダムに巻いたほうがかわいい。

⑧ 水風船が見えなくなるくらいまでレース糸を巻いたら、ハサミで切る。

⑨ 巻き付けたレース糸に、糸の端を挟み込んで固定する。

紙と糸で作る 　11

コットンボール

⑩ ②の薄めた木工用接着剤を筆にとり、⑨に塗る。

POINT
机が汚れないよう、下に紙などを敷く。

⑪ 全体に塗り広げ、薄めた木工用接着剤をレース糸にしっかり染み込ませる。

⑫ 裏面も塗っていく。

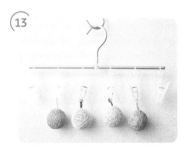

⑬ 風通しのよい場所に吊るして、カチカチになるまで乾燥させる。

POINT
水風船の口を洗濯バサミで挟み、ハンガーに吊るすと◎。

⑭ レース糸のすき間から針を入れ、水風船を割る。

⑮ 口をそっと引っ張って、水風船を取り出す。

⑯

コットンボールのできあがり!

ガーランドの

作り方

① レース糸を1本どりで針に通し、巻き付けたコットンボールの糸を少しすくってレース糸を通す。

② 通したレース糸をお好みの位置で結ぶ。

③ もう一度結んで、しっかり固定する。

④ 同様にして、コットンボールにレース糸を通して結んでいく。

POINT
コットンボールは色違いでいくつか作るとかわいい!

コットンボールガーランドのできあがり!

アレンジ

ガーランドライトにコットンボールをつけると、コットンボールライトに!

追加の材料

✤ ガーランドライト

POINT
水風船を取り出したときの穴から、ガーランドライトのライト部分を差し込めばOK。ライトが熱くなりすぎないよう、長時間の使用は避けて。

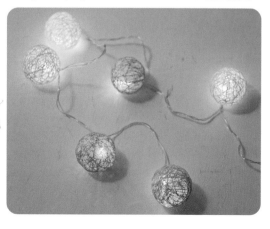

ラッキースター

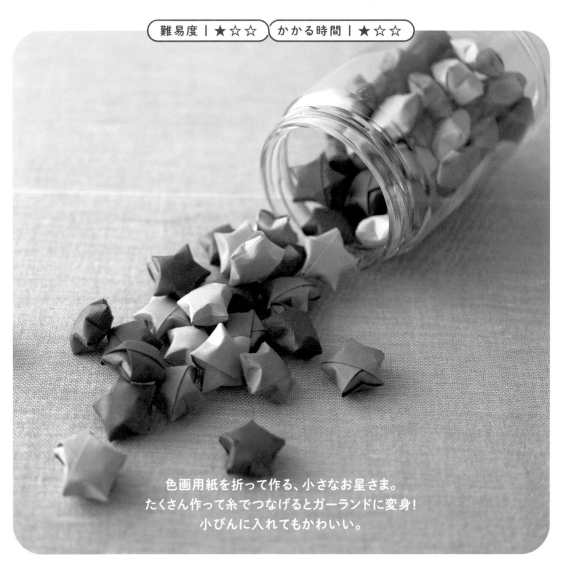

色画用紙を折って作る、小さなお星さま。
たくさん作って糸でつなげるとガーランドに変身！
小びんに入れてもかわいい。

材料（直径約2.5cm たくさん）

✤ 色画用紙（B4サイズ）

道具

✤ カッター
✤ カッターマット
✤ 定規
✤ ハサミ

作り方

① 色画用紙の短いほうの辺を、カッターで1.5cmの太さに切る。

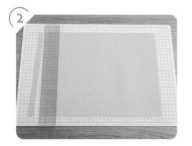

② 切れた状態。方眼のカッターマットを使うとまっすぐキレイに切れる。

POINT
たくさん作るときは、このときにいくつか切り出しておく。

③ 切った色画用紙を丸めて、輪を作る。

④ 端を輪に通す。

⑤ 両端をそっと引っ張って、しっかり結ぶ。

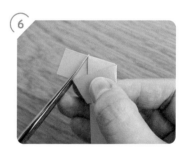

⑥ はみ出ている短いほうの端をハサミで切り落とす。

⑦ 長いほうを辺に合わせて内側に折り込む。

⑧ しっかり折り目をつけて整える。

⑨ 裏返す。

紙と糸で作る

— 15 —

ラッキースター

10

同様にして、辺に合わせて内側に折り込む。

11

端が残り2cm程度になるまで、何度か折り続ける。

12

辺に合わせて折り、端を中にくぐらせる。

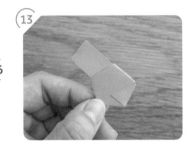
13

端をそっと引き出す。

14

余っている部分をハサミで切り落とす。

15

それぞれの辺の真ん中を爪で内側に折り曲げ、指で星形に整える。

16

ラッキースターのできあがり！

ガーランドの
作り方

① 糸を1本どりで針に通し、ラッキースターに糸を通す。

② 左の角から右の角へ糸を通したら、ラッキースターがつながる。

③ 同様にして、いくつかのラッキースターに糸を通してガーランドにする。

④ ラッキースターガーランドのできあがり！

追加の材料
+ 手縫い糸

アレンジ

プレゼントの梱包材として使うアイデアも！

タンポポブローチ

18

黄色いポンポンが、葉っぱをつけるとタンポポに見えてくるから不思議。ポンポンメーカーを使うと、キレイ＆簡単に作れます。

材料 （葉っぱを入れて約6㎝ 1個分）

- 毛糸（黄色）
- フェルト（白・緑）
  3×3㎝ 各1枚
- 手縫い糸（黄色）
- ブローチピン　1個

綿毛の色

道具

- ポンポンメーカー（35㎜）
- ハサミ
- 縫い針
- 木工用接着剤

作り方

① ポンポンメーカーを準備する。パッケージの表示通りに2つのパーツをはめ込んで重ねる。

② 毛糸の端を指で軽くおさえ、巻き始める。

③ くるくると30回巻く。

④ 30回巻いた状態。ポンポンメーカー全体が毛糸でおおわれるように巻くこと。

⑤ 毛糸の端を1cmほど残して、ハサミで切る。

⑥ もう片方も同様にして毛糸を30回巻いたら、1cmほど残してハサミで切る。

⑦ ポンポンメーカーを閉じて、円形にする。

⑧ 毛糸の中心をハサミで切る。

⑨ 毛糸を20cmくらいの長さに切り、ポンポンメーカーの中心の溝に通す。

タンポポブローチ

10 中心の溝に巻き付けた毛糸を結ぶ。

11 ぎゅっと強く結んだら、もう一度結んでしっかり固定する。

12 ポンポンメーカーの留め具をはずす。

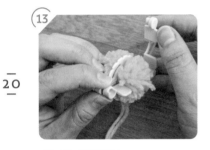

13 ポンポンを取り出す。

14 結んだ毛糸を引っ張りながら、ポンポンを片側に寄せる。

15 飛び出ている部分をハサミで切り、丸く形を整える。

16 キレイな丸形になったら、お花部分の完成!

17 白のフェルトを直径3cmの丸形に、緑のフェルトを葉っぱの形に切る。葉っぱは2枚作る。

POINT
2枚の葉っぱは多少形が違ってもOK!

18 糸を1本どりで針に通し、玉結びにする。葉っぱの中心をなみ縫いして葉脈の模様をつけ、玉留めして糸を切る。

同様にして、2枚の葉っぱに葉脈の模様をつける。

葉っぱの裏に木工用接着剤を塗り、丸く切ったフェルトに貼り付ける。

2枚目は1枚目の上に、少し重ねて貼り付ける。そのまましばらくおいて、乾かす。

ポンポンを結んだ毛糸を、ポンポンの長さに合わせてハサミで切る。

㉑の丸い部分に木工用接着剤を塗る。

ポンポンを貼り付ける。

ブローチピンに木工用接着剤を塗る。

ブローチピンを㉔の裏側に貼り付ける。

タンポポブローチのできあがり！

ハニカムブック

難易度 | ★★☆   かかる時間 | ★★☆

まるで蜂の巣のように広がるハニカムボールを
ミニブックにアレンジ。4分の1サイズに切った
コピー用紙を40枚重ねて作ります。

材料 （8.5×11㎝ 1冊分）

- コピー用紙（A4）10枚
- 厚紙（A4）1枚
- 色画用紙（A4）1枚

道具

- カッター
- カッターマット
- 定規
- ペン
- マスキングテープ
- 液体のり
- スティックのり
- ハサミ
- 両面テープ

作り方

A4のコピー用紙を4等分に切る。同じものを40枚用意する。

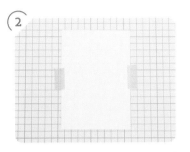

1枚をカッターマットに、マスキングテープでコピー用紙を縦に固定する。

POINT
仮留めなので、マスキングテープは小さめでOK。

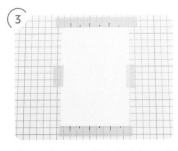

②のコピー用紙の上下に重ならないよう、カッターマットにマスキングテープを貼り、1.5cm間隔で印をつける。

端から1.5cm、4.5cm、7.5cmのラインに、液体のりを塗る。

POINT
液体のりは容器の先端が細いタイプがおすすめ。

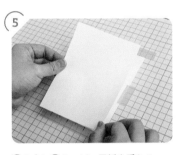

④の上に①のコピー用紙を重ねる。

ずれないように端からぴったりと合わせて、しっかりと貼り付ける。

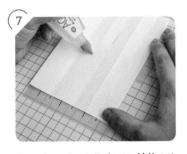

3cm、6cm、9cmのラインに、液体のりを塗る。

①のコピー用紙をぴったりと重ねて、貼り付ける。

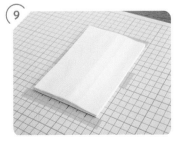

④～⑧を繰り返して、40枚のコピー用紙すべてを重ねて貼り付ける。

POINT
印をつけたマスキングテープは、はがさずにそのままおく。

ハニカムブック

よく乾いたら、②の仮留めのマスキングテープをはがして紙を横向きにし、カッターで縦半分に切る。

POINT
一度に切るのは難しいので、少しずつ。

ひとつを⑨で残したマスキングテープに合わせて横向きに置き、液体のりを1.5cm間隔でライン状に塗る。

もうひとつをぴったりと重ねる。

ずれないように気をつけながら貼り付ける。

上下左右、周囲を薄く切り、形を整える。

ハニカムブックの中身のできあがり！

⑮の大きさを測り、それよりひと回り大きなサイズに厚紙を切って表紙を2枚作る。背幅も測り、表紙のサイズに合わせて切る。

⑯を並べ、ひと回り大きなサイズに色画用紙を切り、スティックのりで貼り付ける。

POINT
表紙と背の間は少しあけておく。

⑰の角をハサミでななめに切り落とす。

⑲

色画用紙の4辺を内側に折り、スティックのりで貼り付ける。

⑳

⑮の片面の周囲に両面テープを貼り、剥離紙をはがす。

㉑

⑲の表紙部分の中央に貼り付ける。

紙と糸で作る
25

㉒

裏表紙も同様に、両面テープで貼り付ける。

ハニカムブックの
できあがり！

㉓

POINT
開くと蜂の巣のようになる。

ボタンコースター

植木鉢の下に敷く鉢底ネットが、コースターに変身！
丸い形を利用して、ボタン風にデザインしました。
温かみのある毛糸の感触と相性ぴったりです。

材料 （直径約10cm 1個分）

- 鉢底ネット（丸型）
  直径10cm　1個
- 毛糸（赤）
- フェルト（白）
  2×2cm　1枚
- 手縫い糸（赤）

そのほかの色

道具

- 厚紙
- マスキングテープ
- とじ針
- ハサミ
- 縫い針

作り方

① 厚紙を鉢底ネットよりひとまわり小さく切り、マスキングテープを輪にして中央に貼る。

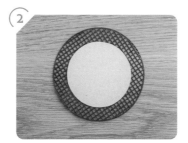

② 鉢底ネットの中央に、厚紙を貼り付ける。

③ とじ針に毛糸を通し、厚紙の外周に合わせて鉢底ネットに裏から針を通す。

POINT
毛糸は1本どり。毛糸の端は玉留めにせず、指でおさえておく。

④ 毛糸を鉢底ネットの外側に回して、裏から同じ穴に通す。

⑤ 同様にして、隣の穴に毛糸を通す。

POINT
毛糸の太さに合わせて、同じ穴に2～3回ずつ通す。

⑥ そのまま続けて、周りすべてに毛糸を通す。

⑦ 針を根本から毛糸の下にななめに通す。

POINT
ななめに糸を通すことで、糸が抜けにくくなる。

⑧ 余った毛糸をハサミで切り、厚紙をはずす。

POINT
途中で毛糸が足りなくなったときも、同じように処理すればOK!

⑨ とじ針に毛糸を通し、巻いた毛糸の下に、外側から内側にななめに針を通す。

紙と糸で作る **27**

ボタンコースター

⑩ 周囲より1コマ内側の穴に表から針を通す。

⑪ ひとつ上の穴に裏から針を通す。

⑫ ⑪のななめ右下の穴（⑩の隣の穴）に表から針を通す。同様に上の穴に裏から針を通し、ななめ右下の穴に表から針を通す。

⑬ 同様にして、端まで縫い進めていく。

⑭ 端まで進んだら、逆に縫い戻る。縫い目がクロスになるように縫っていく。

⑮ 同様にして1段ずつ、埋めていく。

POINT

この縫い方をクロスステッチと呼ぶ。下のイラスト参照。

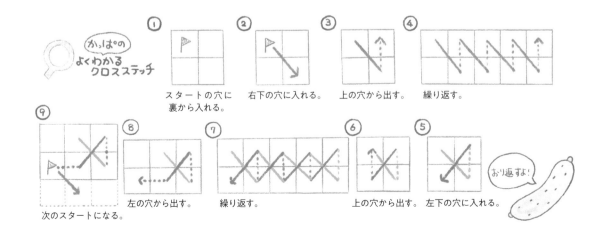

かっぱの よくわかる クロスステッチ

① スタートの穴に裏から入れる。
② 右下の穴に入れる。
③ 上の穴から出す。
④ 繰り返す。

⑤ 左下の穴に入れる。
⑥ 上の穴から出す。
⑦ 繰り返す。
⑧ 左の穴から出す。
⑨ 次のスタートになる。

おり返すよ！

16 下までクロスステッチでびっしりと埋める。

17 周囲の毛糸の下にななめに針を通す。

18 余った毛糸をハサミで切る。

19 フェルトを直径1cmの円に切る。同じものを4つ作る。

20 糸を1本どりで針に通して玉結びし、なみ縫いで本体に縫い付けて玉留めする。同様にして、4つとも縫いつける。

21

ボタンコースターの
できあがり！

イチョウのしおり

難易度｜★☆☆　　かかる時間｜★★★

ワイヤーの周りに刺繍糸を巻き付けた繊細なしおり。
お好みの形にワイヤーを曲げてアレンジしてみて。
本を読むのが楽しくなりそう。

材料 （7.5×8.5㎝ 1個分）

- ワイヤー　30㎝くらい
- フェルト（からし色）
  10×10㎝　1枚
- 刺繍糸（からし色）

道具

- コピー用紙
- ペン
- ニッパー
- ペンチ
- 木工用接着剤
- 刺繍針
- つまようじ
- ハサミ

作り方

紙にペンでイチョウの形を描く。

POINT

サイズや形はお好みでアレンジしてみて。

ワイヤーをニッパーで少し長めに切り、①で作った型紙に当てながらイチョウの形に整える。

切り込みの部分などの細かいところは、ペンチを使って曲げる。

形を整えたら、ワイヤーをニッパーで切る。

ワイヤーの片面に木工用接着剤を塗る。

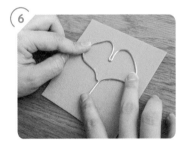

⑤の大きさに合わせて四角くカットしておいたフェルトに、ワイヤーを貼り付ける。そのままおいて、しっかり乾かす。

刺繍糸を2本どりで刺繍針に通し、玉結びにする。ワイヤーの先端に裏側から針を通す。

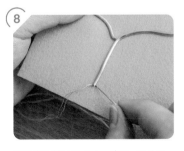

糸を巻き付けるイメージで、ワイヤーとフェルトの境目に針を通す。

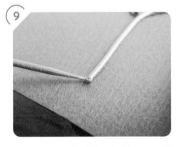

つまようじに木工用接着剤をつけ、⑧で通した糸に塗り、ワイヤーと接着する。

POINT

塗りすぎるとダマになるので、接着剤の分量は少しでOK。

イチョウのしおり

同様に、ワイヤーに糸を巻き付けるようにして、すき間が出ないようにワイヤーの形に沿って縫い進めていく。

すべて縫い終わったら、2本どりした糸を開いて2回固結びをし、糸を切る。

POINT
途中で糸が足りなくなったときも、同じように処理すればOK!

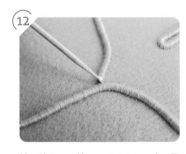

縫い終わりの端につまようじで木工用接着剤を塗り、固定する。

すべて縫い終わった状態。すき間なくワイヤーを埋めていくと、キレイに仕上がる。

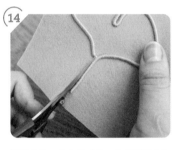

周りのフェルトをイチョウの形に合わせて切り落とす。

POINT
このとき、せっかく縫い付けた糸を切ってしまわないよう注意!

カーブや切り込みの部分は、特に慎重に切り進めよう。

POINT
裏を見たり、表を見たりと交互に確認しながら切り進めよう。

**イチョウのしおりの
できあがり!**

布で作る

小物作りなら、ミシンがなくても手縫いで十分。ちくちく縫い合わせたり、パーツを貼り合わせたりする作業が楽しい！ 羊毛フェルトを使った温かみのあるアイテムも大注目です。

クッキーガーランド

フェルトで作ったステンドグラスクッキー。
色鉛筆で焼き目をリアルに再現しています。
窓際に吊るすと星の部分が透けてキレイ。

材料 （直径約7cm 1個分）

- ❖ フェルト（ベージュ）7×7cm 2枚
- ❖ 透明折り紙（青）6×6cm 1枚
- ❖ プラバン（厚さ0.3mm）6×6cm 2枚
- ❖ 手縫い糸（白）
- ❖ 色鉛筆（茶色・黄土色）
- ❖ 飾りひも（100cm程度）

道具

- ❖ 折り紙（15×15cm）
- ❖ ハサミ
- ❖ 鉛筆
- ❖ カッター
- ❖ カッターマット
- ❖ コピー用紙
- ❖ ステープラー
- ❖ ペン
- ❖ クリップ
- ❖ 縫い針

作り方

折り紙をはさみで¼サイズに切る。

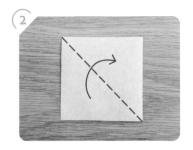

三角形になるように、点線の位置で谷折りする。

もう一度、点線の位置で谷折りする。

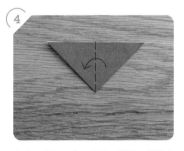

さらにもう一度、点線の位置で谷折りする。

最後にもう一度、点線の位置で谷折りする。

上の写真のような形の小さな三角形を作る。

上の角に鉛筆でアーチ状に印をつける。

印に合わせてハサミで丸く切る。

切れた状態。上のパーツは使わないので、捨ててOK!

布で作る — 35 —

クッキーガーランド

折り紙を開く。周りのアーチが歪んでいる場合は、はさみで整える。

中心に星を描き、カッターでくり抜く。

⑪の形をコピー用紙に書き写して、型紙を作る。

型紙の周りを少し残してハサミで四角く切り取り、フェルトの上にのせて四隅をステープラーでとめる。

型紙の四角に合わせて、フェルトをハサミでざっくりと切る。

POINT

こうすることで、型紙がずれずにフェルトを切ることができる。

型紙に沿って、ハサミでフェルトを切る。

同様にして、型紙に合わせてフェルトを2枚切り出す。

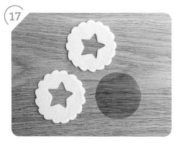

透明折り紙を⑯よりもひと回り小さい円形に切る。

透明折り紙の大きさに合わせて、プラバンを切る。同じものを2枚作る。

フェルト、プラバン、透明折り紙の順に重ね、その上にもう1枚のプラバンを重ねる。

⑲の上に、さらにもう1枚のフェルトを重ねる。

周囲のアーチをぴったり合わせる。

ずれないように、2箇所をクリップでとめる。

縫い糸を1本どりで針に通して玉結びし、フェルトの内側から針を通す。

一度針を引き抜き、今度は2枚を重ねて手前から同じ場所に針を刺す。

POINT

これで縫い始めの玉結びを隠すことができる。

布で作る

37

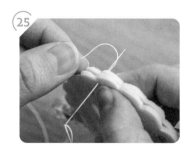

刺した針を抜く前に、針に糸をかける。

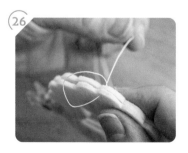

針に糸を引っかけた状態で、引き抜く。

引き抜いた状態。ステッチが表に出ている。

クッキーガーランド

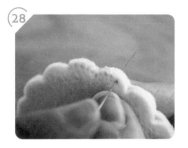
28

同様にして、縫い進める。

POINT
この縫い方をブランケットステッチと
呼ぶ。下のイラスト参照。

29

2枚のアーチ部分がずれないように気
をつけながら、縫い合わせていく。

30

残り2cmくらいまで縫ったら、一度手
をとめる。

かっぱの
よくわかる
ブランケットステッチ

①

スタート位置に手前
から針を刺し、玉結
びまで引っ張る。

②

もう一度スタート位
置に手前から刺す。

③

引き抜く。

④

スタート位置の5mm隣に
手前から半分ほど刺す。

⑤

針に糸をかける。

⑥

引き抜く。これを
繰り返す。

**きみなら
できる!!**

31

フェルトをハサミで3cmくらいの長さ
に細長く切り、輪にする。

32

㉚のすき間に挟み込む。

33

輪のパーツが挟まっている部分はなみ
縫いで縫い合わせる。縫い終わったら
玉留めして糸を切る。

POINT
輪のパーツの前後は、ブランケットス
テッチで仕上げるとキレイ。

34

色鉛筆で縁を塗り、クッキーの焼き目
をつける。

POINT

茶色、黄土色などを重ねてぼかすと、
焼き目をリアルに再現できる。

35

同様にして、中央の星の周りにも焼き
目をつける。

36

ガーランドパーツのできあがり！ フ
ェルトや透明折り紙の色を変えて4個
作る。

37

飾りひもにガーランドパーツを通す。

アレンジ

そのほかの色

追加の材料

◆ 丸カン
◆ カニカン
◆ ストラップ

小さいサイズで作り、カニカ
ンや丸カンでストラップにつ
けてもかわいい！

もみじのコースター

自然に色づいたような、もみじのグラデーションを
羊毛フェルトで表現。ふわふわの繊維が絡み合い、
1枚にまとまっていくのを見るとワクワクします。

40

材料 （直径約9㎝1個分）

- 羊毛フェルト
  （赤・オレンジ）
- 刺繍糸（赤）

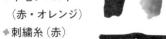

道具

- ニードルマット
- ニードル
- カップ
- 食器洗い用洗剤
- バット
- ビニール手袋
- ボウル
- ハンガー
- 洗濯バサミ
- コピー用紙
- ペン
- ステープラー
- ハサミ
- 刺繍針

作り方

① 赤い羊毛フェルトをひとつまみ引っ張り、ニードルマットの上にのせる。

② 同様にして、赤い羊毛フェルトを繊維が縦になるように並べる。

③ オレンジの羊毛フェルトをひとつまみ引っ張り、②の下半分に重なるように並べる。

④ 同様にして、赤い羊毛フェルトを③の上半分に重ねる。

⑤ さらに、オレンジの羊毛フェルトを④の下半分に重ねる。

⑥ 赤い羊毛フェルトを繊維が横になるように上半分に並べる。

POINT
繊維の向きを変えることで、しっかりと絡まる。

⑦ 同様に、オレンジの羊毛フェルトを繊維が横になるように下半分に並べる。

POINT
赤とオレンジがまん中あたりでグラデーションになるよう、境い目がはっきりしないように意識しながら並べる。

⑧ 重ねた羊毛フェルトにニードルを刺す。

⑨ いろいろなところをニードルで何度も刺して、羊毛フェルト同士が離れなくなるまでしっかりと固める。

もみじのコースター

⑩ 固まった羊毛フェルトをニードルマットからはがす。

⑪ 40℃くらいのお湯100mℓほどをカップに入れ、食器洗い用洗剤を1～2滴入れて混ぜる。

⑫ バットの上に⑩をのせ、⑪を少しずつ注ぐ。

⑬ 少しずつ注いでは、指でおさえて全体にしっかり染み込ませる。

⑭ 全体を手でこすり、羊毛フェルトの繊維同士を絡ませる。

POINT
ビニール手袋をつけることですべりがよくなり、絡みやすくなる。

⑮ 裏側も同様にして、全体を手でこすって繊維を絡ませる。

⑯ 表面だけをつまんで持ち上げたときに、裏面も一緒に持ち上がるくらいまでなじんだらOK!

⑰ ボウルに水を入れ、羊毛フェルトを洗う。

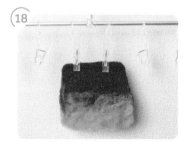

⑱ 洗濯バサミなどを使って吊るし、風通しのよいところにおいて乾かす。

⑲ コピー用紙にペンでもみじの型を描く。

POINT
大きさはできた羊毛フェルトの大きさ
に合わせて。

⑳ ⑱の上に⑲の型紙をのせ、四隅をス
テープラーでとめる。

POINT
グラデーション具合や色などが好みの
位置にのせよう。

㉑ 型紙に沿って、ハサミで切る。

㉒ 刺繍糸を2本どりして針に通し、玉結
びする。玉結びの処理をしたら手前か
ら針を刺し、先端に糸を引っ掛ける。

POINT
玉結びの処理はP37の工程㉓、㉔参照。

㉓ 針を引き抜く。次の目も同様に、ブラ
ンケットステッチで縫っていく。

POINT
ブランケットステッチの詳しい縫い方
は、P37の工程㉔～㉗参照。

㉔ 同様にして、どんどん縫い進める。

㉕ 縫い終わったら玉留めをする。

㉖ 目立ちにくいところに針を入れ、糸を
切る。

POINT
一度針を入れてから糸を切ることによ
り、玉留めを隠すことができる。

もみじのコースターの
できあがり!

梅 の く す 玉

ちりめんで和風のくす玉作りに挑戦してみましょう。
ひとつの梅の大きさは2〜3.5㎝ほど。
色や大きさが異なるものを組み合わせると華やかに。

材料 （直径約10㎝ 1個分）

- 一越ちりめん　約30×20㎝
  （薄ピンク2枚、濃いピンク、白各1枚）
- 手縫い糸（薄ピンク、濃いピンク、白）
- 綿
- ビーズ（1㎜・黄色）30〜35個
- 発泡スチロール玉（直径60㎜）1個

そのほかの色

道具

- 厚紙
- 鉛筆
- ハサミ
- 縫い針
- 木工用接着剤

作り方

① 厚紙で丸い型を作る。

POINT

型の大きさは、3cmくらいの梅を作る
場合は直径6cmほど。だいたい半分く
らいの大きさになる。

② 一越ちりめんに型紙を置き、鉛筆で印
をつける。

③ 印に合わせて、ハサミで切る。

④ 糸を2本どりで針に通して玉結びし、
布の周りをぐるっと1周なみ縫いする。

⑤ 真ん中に綿をひとつまみのせる。

⑥ 綿をおさえながら糸を引っ張り、布を
すぼめる。

POINT

綿が多すぎるとはみ出てしまうので、
バランスを見ながら量を調整して。

⑦ すぼめたところに針を通して、綿が出
ないように縫う。

⑧ 3〜4回ほど往復して、しっかりとと
じる。

POINT

この時点では、まだ糸は切らない。

⑨ 指の腹でおして、形を丸く整える。

梅のくす玉

裏側から中心に針を通す。

針を抜き、そのままもう一度裏側から中心に針を通す。

少し凹みができるまで、糸をぎゅっと引っ張る。

同様に繰り返して、花びらを作っていく。

POINT
丸を5等分するように、糸を回す位置をずらそう。

最後の5本目の糸を回したら、下から中心に針を通して引き抜く。

そのまま針にビーズを1個通す。

花の中心に針を通して、ビーズをとめる。

裏側で玉留めし、ハサミで糸を切る。

梅のできあがり！　同様に、色や大きさを変えて30〜35個ほど作る。

POINT
梅や発泡スチロール玉の大きさによって、作る個数は変わる。

発泡スチロール玉の円周に、木工用接着剤を塗る。

発泡スチロール玉を一越ちりめんにのせる。

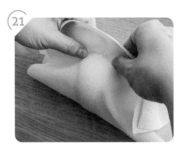

一越ちりめんで、発泡スチロール玉を包む。

指でおさえて、しっかりと貼り付ける。

POINT
たるまないように、一越ちりめんをのばしながら貼り付ける。

木工用接着剤が乾き切らないうちに、余っている部分をハサミで切る。

指でおさえて貼り付けながら、形を整える。

梅のくす玉の
できあがり!

梅の裏に木工用接着剤を塗る。

色や大きさなどのバランスを見ながら、くす玉に梅をすき間なく貼り付けていく。

POINT
写真の見本は32個貼り付けている。小さめの梅を作っておくと、すき間を埋められて便利。

布で作る

47

紙風船のストラップ

色を分けるのが一見難しそうに見えますが、
鉛筆で書いたガイドに合わせて刺すだけなので簡単。
バッグやポーチにつけると、ゆらゆら揺れてかわいい!

48

材料 （直径約4cm 1個分）

⚜ 発泡スチロール玉
　（直径35mm）1個
⚜ 羊毛フェルト
　（白、赤、黄色、青、緑）
⚜ 唐うちひも 15cm

そのほかの色

道具

⚜ つまようじ
⚜ ニードル
⚜ カップ
⚜ 食器用洗剤
⚜ バット
⚜ ビニール手袋

⚜ 輪ゴム
⚜ 鉛筆
⚜ 刺繍針
⚜ ハサミ

作り方

① 発泡スチロール玉に、つまようじを刺す。

② 白い羊毛フェルトを薄く広げる。

③ 広げた羊毛フェルトに、発泡スチロール玉をのせる。

④ 発泡スチロール玉を羊毛フェルトで包む。

⑤ ニードルを刺して、羊毛フェルトを固める。

⑥ 全体を細かくニードルで刺していくと、羊毛フェルトが絡まってくっついていく。

⑦ 発泡スチロールと羊毛がぴったりくっつくように、全体をおおったら下準備の完成。

⑧ 40℃くらいのお湯100mℓほどをカップに入れ、食器洗い用洗剤を1〜2滴入れて混ぜる。

⑨ 羊毛フェルト全体が濡れるように、回しながら少しずつかける。

布で作る

49

紙風船のストラップ

10

全体を手でこすり、羊毛フェルトの繊維同士を絡ませる。

POINT
ビニール手袋をはめることで、すべりがよくなり、絡めやすくなる。

11

羊毛フェルトを水で洗う。

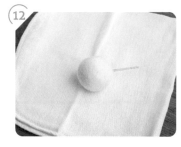

12

乾いた布の上におき、風通しのよい場所で乾かす。

POINT
ときどきひっくり返して、裏も乾かそう。

13

4本の輪ゴムをはめて、羊毛フェルトを8等分するラインを決める。

POINT
はじめに2本を十字にとめたら、45度ずらしてまた2本を十字にとめる。

14

輪ゴムで作ったラインに、鉛筆で線を引く。すべての線が引けたら輪ゴムをはずす。

15

赤い羊毛フェルトをひとつまみとり、鉛筆で分けた部分にのせる。

16

ニードルを刺して、羊毛フェルトを固定する。

17

少しずつ羊毛フェルトを足しながら、その都度ニードルで刺して固定していく。

18

㉖の色の配置を参考に、黄色、青、緑の羊毛フェルトも、それぞれ同様にして固定する。

⑨と同様に、洗剤を混ぜたお湯をかけ、全体をこすって繊維同士を絡ませる。

羊毛フェルトを水で洗う。

乾いた布の上におき、風通しのよい場所で乾かす。

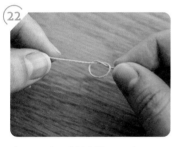

唐うちひもの先端を結ぶ。お好みの長さにハサミで切り、針に通す。

つまようじを抜く。

㉓の穴から針を入れ、反対側まで通す。

針を抜き、唐うちひもの先端が輪になるように結んだら、余ったひもをハサミで切る。

紙風船のストラップのできあがり！

おにぎりの小物入れ

おいしそうな
おにぎり型の小物入れ。
中にフェルトを挟むことで、
ふわふわとした手触りに。
厚紙と布しか使っていないのに、
意外としっかりとした作りです。

52

材料 （約9.5×9.5cm 1個分）

- 厚紙（A4）
- フェルト（白）23×30cm1枚
- 布（白27×40cm、黒14×5.5cm）各1枚

道具

- ハサミ
- 木工用接着剤
- マスキングテープ
- クリップ
- 鉛筆

作り方

① 厚紙で角が丸い三角形を作る。フェルトも同じ形に切る。

POINT
一辺の長さは10cmほど。フェルトは厚紙で型をとると、同じ形になる。

② 白い布を①より1cm大きく切り、上に厚紙を重ねる。

③ ずれないように手でおさえながら、②の布の周りに切り込みを入れる。

POINT
角は細かく切り込みを入れると、キレイに仕上がる。

④ ぐるっと一周切り込みを入れたら、布、フェルト、厚紙の順に重ねる。

⑤ 厚紙の周りに、木工用接着剤を塗る。

⑥ 布を折り返して、貼り付けていく。

⑦ 布同士が重なる部分は、木工用接着剤を塗って貼り付ける。

⑧ おにぎりの外周より少し長めに、厚紙とフェルトを切る。布は1cmほど大きめに切る。

POINT
今回は厚紙とフェルトを3×33cm、布は5×35cmにカット。

⑨ 布、フェルト、厚紙の順に重ね、ハサミで角を切り落とす。

おにぎりの小物入れ

⑩

厚紙の周りに木工用接着剤を塗り、布を折り返して貼り付ける。

⑪

これがケースの枠になる。同じものをもう1本作っておく。

⑫

⑦と⑪の布の面同士を合わせる（厚紙の面が外側になる）。

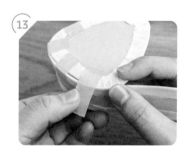

⑬

マスキングテープで仮留めしながら、⑪を⑦に沿わせるように曲げていく。

⑭

重なった部分は、ハサミで切り取る。

⑮

マスキングテープをとめていないすき間部分に木工用接着剤を塗る。

⑯

乾いたらマスキングテープをはがし、はがした部分にも木工用接着剤を塗る。

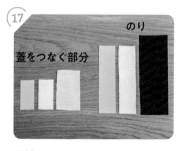

⑰

厚紙とフェルトを3×6cmと3.5×15cmに切る。白い布は5×8cm、黒い布は5.5×17cmに切る。

⑱

それぞれ布、フェルト、厚紙の順に重ね、角を切り落とし、木工用接着剤を周りに塗って貼り付ける。

⑲ 枠の切れ目に、木工用接着剤で蓋をつなぐ部分を貼り付ける。

⑳ ⑪のもう1本の枠を、布の面を外側にして、クリップでとめながら⑲の周りに木工用接着剤で貼り付ける。

POINT
巻き始めは蓋をつなぐ部分の真ん中からスタート。

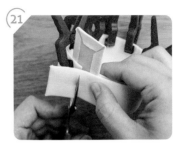

㉑ 余った部分をハサミで切る。接着剤が乾くまでしばらく置く。

㉒ ㉑の外周に合わせて型どりし、厚紙とフェルトを切る。布はそれより1cmほど大きく切る。

㉓ 同じものを3セット作り、工程③〜⑦と同様にして、切り込みを入れて木工用接着剤で貼り付ける。

㉔ 1枚は容器の底に、布の面を外側にして木工用接着剤で貼り付ける。

㉕ 残りの2枚は蓋をつなぐ部分を挟み込みながら、木工用接着剤で貼り合わせる。

㉖ のりのパーツの裏側に木工用接着剤を塗り、蓋をつなぐ部分に重ねるように外側から貼り付け、風通しのよいところでしっかりと乾かす。

㉗ おにぎりの小物入れのできあがり！

POINT
おにぎりの形やケースの高さなどは、お好みでアレンジしてOK!

布で作る

55

水ヨーヨーのマカロンポーチ

夏っぽい爽やかなデザイン。ヨーヨーの模様は
チェーンステッチの技法でつけていきます。
一見複雑に感じますが、一度コツを覚えたら簡単ですよ。

材料 （直径約7cm 1個分）

* 厚紙（A4）
* フェルト（白）21 × 14cm 1枚
　　　　　　（青）2.5 × 3cm 1枚
* 布（青）18 × 18cm 1枚
* 刺繍糸（水色）
* ファスナー（青）30cm
* 手縫い糸（青）
* 唐うちひも（白）15cm

そのほかの色

道具

* ハサミ
* チャコペン
* 刺繍針
* 木工用接着剤
* クリップ
* 縫い針

作り方

① 厚紙をお好みの大きさに丸く切る。同じものを4枚作る。

今回の見本は直径6.5cmの丸で製作しているが、好きな大きさでOK！

② 厚紙より1cmほど大きく布を切る。同じものを4枚作る。

模様入りのおもて面用に2枚、中面用に2枚ずつ使用する。

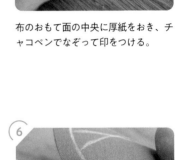

③ 布のおもて面の中央に厚紙をおき、チャコペンでなぞって印をつける。

④ 厚紙をはずし、チャコペンで水ヨーヨーの模様を描く。同様にして、もう1枚の布にも模様を描く。

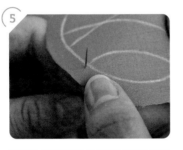

⑤ 刺繍針に刺繍糸を2本どりで通して玉結びし、布の裏側から針を通す。

印の少し外側から縫い始める。

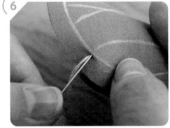

⑥ 糸を出したら、同じところに表から針を通す。

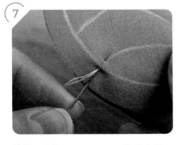

⑦ 模様に合わせて、5mmほど先から針の先端を出す。

⑧ 針に糸をくるっと巻き付ける。

⑨ 針を抜くと、チェーンのような縫い目ができる。

布で作る

57

水ヨーヨーのマカロンポーチ

⑨でできたひとつ目のチェーンの内側から針を通し、5mmほど先から先端を出す。針に糸を巻き付けてから、針を抜く。

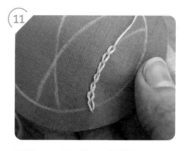

同様にして縫い進め、模様をつけていく。最後に玉留めして糸を切る。

POINT

この縫い方をチェーンステッチと呼ぶ。下のイラスト参照。

2枚の布にチェーンステッチで模様をつける。少しずつ模様を変えるとアクセントになる。

かっぱのよくわかるチェーンステッチ

① スタートの線から針を出す。

② スタートの近くに針を刺す。

③ 5mmほど先に針を出す。

④ 針の先端に糸をかける。

⑤ 引き抜く。

⑥ 輪っかの内側に針を刺す。

⑦ 繰り返す。

みちのりはながい！！

布を裏返して中心に厚紙をおき、周囲に8mmくらいの間隔で切り込みを入れる。

POINT

厚紙より内側を切らないよう注意。

白いフェルトを①の厚紙と同じ大きさに6枚切る。

POINT

模様入りのおもて面にはふっくらさせるために2枚ずつ、中面には1枚ずつ挟み込む。

布、フェルト、厚紙の順に重ね、厚紙の周りに木工用接着剤を塗り、周りの布を貼り付ける。

POINT

模様入りのおもて面パーツ2枚、中面パーツ2枚を同様にして作る。

⑯ ⑮で作った中面パーツの周りにファスナーを巻き付け、クリップでとめる。

POINT
このとき、ファスナーの持ち手は内側にする。

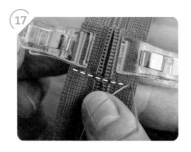

⑰ 合わせた部分を縫い糸でなみ縫いし、固定する。

⑱ なみ縫いした部分から2.5cmほど縫い代を残し、布切りバサミでファスナーを切る。

⑲ 青のフェルトをファスナーの縫い代の大きさに合わせて切る。同じものを2枚作る。

⑳ ファスナーの縫い代部分に、⑲の1枚をあてる。

㉑ 手縫い糸でなみ縫いして、縫い代とフェルトを固定する。

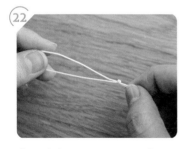

㉒ 唐うち紐を15cmほどの長さに切り、2つに折って先端を結ぶ。

POINT
ヨーヨーの持ち手になるので、お好みの長さで切ってOK！

㉓ もう1枚の⑲のフェルトの中心に、木工用接着剤で貼り付ける。

㉔ ファスナーの持ち手が外側になるようにひっくり返す。唐うちひもを下にして、㉓を木工用接着剤でファスナーの縫い代に貼り付ける。

布で作る

59

水ヨーヨーのマカロンポーチ

㉕のおもて面パーツの模様の向きを確認し、なみ縫いでファスナーと縫い合わせる。

POINT
ヨーヨーの持ち手が上になるように、模様を合わせる。

そのまま全体をぐるりと縫い止める。

POINT
厚紙は縫わずに、布の端すれすれを縫うようにする。

同様にして、反対側もおもて面パーツのもう1枚を縫い付ける。

内側に木工用接着剤を塗る。

中面パーツの1枚をのせて、しっかりと貼り付ける。

もう1枚も同様にして、片面に貼り付ける。

水ヨーヨーの マカロンポーチの完成！

POINT
色違いや模様違いで、いくつか作ってもかわいい。

レジンで作る

UVライトで硬化させることで、ツヤツヤの仕上がりになるレジン。今回は市販のモールドに流し込むのではなく、型作りから自分でやってみました。慣れてきたら、大きさや形などをアレンジして楽しんでみて。

棒つきキャンディー

本物そっくりなキャンディー。レジンの透明感は、
キャンディーの瑞々しさを表現するのにぴったり。
簡単なので、レジン初心者さんにもおすすめです。

材料 （棒を入れて2.5×7㎝ 1本分）

♣綿棒　1本
♣レジン
♣レジン用着色料

そのほかの色

道具

♣名刺カード　　　　♣シリコンカップ
♣マスキングテープ　♣つまようじ
　（3㎝幅、1.5㎝幅）♣UVライト
♣ハサミ
♣ビニールクロス

作り方

① 名刺カードの上に、3cm幅のマスキングテープ4cm分を粘着面を上にしておき、1.5cm幅のマスキングテープで上下を貼る。

② 綿棒の両端をハサミで切り落とし、棒だけにする。

③ 棒をマスキングテープの中心に貼り付ける。

④ ビニールクロスを細長く切る。

POINT
今回の見本は幅1cmくらいにカット。

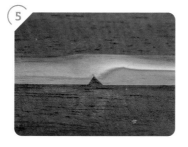

⑤ 切ったビニールクロスに、棒が入る程度の三角の切れ込みを入れる。

⑥ 切れ込みに合わせるように、棒の上に⑤をのせる。

⑦ ビニールクロスを曲げて、丸く整える。余った部分はハサミで切る。

⑧ つなぎ目をマスキングテープでとめる。

⑨ シリコンカップにレジンを10㎖（小さじ2）ほど入れ、オレンジの着色料を1〜2滴たらす。

棒つきキャンディー

全体をつまようじでよく混ぜて、オレンジ色のレジンを作る。

POINT
レジンが手につかないように、ゴム手袋をつけて作業しよう。

レジンを⑧で作った枠の中に薄く流し込む。

POINT
一度にたくさん流すともれ出してしまうので、先に土台を作るイメージで。

つまようじを使って、レジンを枠全体に広げる。

POINT
大きな気泡があるときは、このときにつまようじでつぶす。

UVライトに当てて、硬化させる。

POINT
硬化時間の目安は、レジンの容器などに記載されているので確認を。

取り出したら、棒がしっかり隠れるくらいまでレジンを流し込む。

同様にして、つまようじで全体に広げる。

POINT
気泡が少し残っていても、リアルなキャンディーみたいでかわいい!

UVライトに当てて硬化させる。しっかり固まったら、枠を取りはずす。

16

棒つきキャンディーの
できあがり！

POINT
色違いでいくつか作ってみよう。

アレンジ

ストラップパーツを
つけて、
ケータイストラップに！

追加の材料

✦ ヒートン
✦ ストラップ

ピンバイスで穴をあけてヒートンを差
し込み、ストラップパーツをつける。

かざぐるま飴ヘアピン

本物そっくりのカラフルなかざぐるま飴。光に透かすと影も
虹色になってキレイ。ヘアピンのほか、キーホルダーや
イヤリングなどお好みでアレンジしてみて。

材料 （ピンを入れて2.5×5.5㎝ 1本分）

- 名刺カード
- レジン
- レジン用着色料
  （緑、黄色、オレンジ、赤、
  白、紫、青）
- 台座付きヘアピン1個

道具

- 名刺カード
- コンパス
- ペン
- マスキングテープ
  （3㎝幅、1.5㎝幅）
- ビニールクロス
- ハサミ
- 紙コップ
- 木工用接着剤
- 水　筆
- クリアファイル
- シリコンカップ
- つまようじ
- UVライト
- やすり
- 多用途接着剤

作り方

① 名刺カードに円を描き、それを8等分する。

POINT
今回は直径3cmほどの円で製作。

② ①で描いた円の上に粘着面を上にして3cm幅のマスキングテープ4cm分をおき、両端を1.5cm幅のマスキングテープで貼る。

③ ビニールクロスを細長く切る。

POINT
今回の見本は幅1cmくらいにカット。

④ ③のビニールクロスを②の円周に合わせて切り、つなぎ目をマスキングテープでとめる。

⑤ 紙コップに水と木工用接着剤を1:1の割合で入れ、筆でよく混ぜる。

⑥ 名刺カード全体に塗り、よく乾かす。

POINT
下にクリアファイルを敷いておくと、はみ出しても安心!

⑦ 名刺カードをビニールクロスと同じ幅に切る。

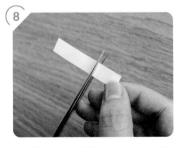

⑧ ①で描いた円の半径より少し長めに切る。これを8枚作っておく。

⑨ 少し曲げてカーブをつける。

かざぐるま飴ヘアピン

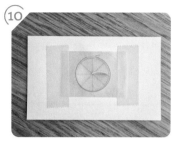

10 8等分した線の上に少しカーブをつけて立てる。

合わせてみて長すぎる場合は、少しずつ切って調節する。

11 同様にして、⑩の隣にも切った名刺カードを立てる。

12 シリコンカップにレジン5mℓ（小さじ1）ほどを入れ、緑の着色料をつまようじの先にほんの少しつけて加え、よく混ぜる。

13 名刺カードの間に、緑色のレジンを流し込む。

つまようじを使って、少しずつ流し込もう。

14 半分くらいの高さまで入れる。

一度にたくさん流すともれ出してしまうので、先に土台を作るイメージで。

15 UVライトに当てて、硬化させる。

硬化時間の目安は、レジンの容器などに記載されているので確認を。

16 緑色のレジンを枠の上まで注ぎ、同様にUVライトに当てて、硬化させる。

17 ⑨〜⑪と同様にして、名刺カードで次のエリアを分ける。

18 ⑫と同様にして、次は黄色のレジンを作って半分くらいまで流し込み、UVライトに当てて硬化させる。

黄色のレジンを枠の上まで注ぎ、UV
ライトに当てて、硬化させる。

ほかの色も同様の手順で流し込み、
UVライトで硬化させる。

透明のレジンを数滴のせる。

つまようじで全体に薄く伸ばし、UV
ライトで硬化させる。

マスキングテープからはずし、裏側に
も透明のレジンを薄く伸ばして、UV
ライトで硬化させる。

枠をはがし、荒めのやすりで削って角
を落とす。

細かいやすりで、ツヤが出るまで磨き
上げる。

ヘアピンの台座に多用途接着剤を塗り、
㉕を貼り付ける。

かざぐるま飴ヘアピンの
できあがり！

フルーツの輪切りコースター

難易度｜★★☆　　かかる時間｜★★☆

プラバンとレジンで果物の瑞々しさを表現。
パステルでつけた自然なグラデーションは、まるで本物の果実のよう。
夏の飲み物をおくのにぴったりです。

材料 （直径約8.5cm 1枚分）

+ プラバン（厚さ0.3mm）
+ パステル
　（オレンジ、黄色、山吹色）
+ レジン
+ レジン用着色料
　（白、オレンジ）

道具

+ コピー用紙
+ コンパス
+ ハサミ
+ 紙やすり
+ ティッシュ
+ アルミホイル
+ オーブントースター
+ マスキングテープ
　（3cm幅、1.5cm幅）
+ 厚紙
+ ビニールクロス
+ シリコンカップ
+ つまようじ
+ UVライト

作り方

① コンパスでコピー用紙に円を描く。その外側に半径を2倍にした円を描く。

POINT
今回は小さい円を半径4cmほどで製作。大きい円の大きさのプラバンを焼くと、ほぼ小さい円の大きさになる。

② ①を縦半分、横半分、対角線に折り目をつけて広げる。これで円を8等分できる。

③ 折り目に合わせて、折り紙をハサミで切る。3つの角は丸く切り落とす。

POINT
切るのは1枚でOK。これが型紙になる。

④ 型紙を使い、プラバンを8枚切り出す。

POINT
プラバンは縦横の縮み率が違うので、同一方向に並べて切ること。

⑤ プラバンに紙やすりをかける。

POINT
おもて面と裏面両方にまんべんなくかけよう。

⑥ パステルで色を塗る。オレンジ、山吹色、黄色を使い、ランダムに塗っていく。

⑦ ティッシュで軽くこすり、ぼかす。

⑧ オーブントースターにくしゃくしゃにしたアルミホイルを敷いてプラバンをのせ、1枚ずつ焼いて縮める。縮み切ったら取り出し、本で軽くおさえるとキレイに。

⑨ 3cm幅のマスキングテープを、粘着面を上にして、厚紙の上に10cm×15cmくらいになるように並べ、両端を1.5cm幅のマスキングテープでとめる。

フルーツの輪切りコースター

⑧のプラバンを円形に並べる。パーツ同士は少しすき間をあける。

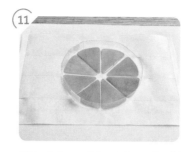

ビニールクロスを1cmくらいの幅で細長く切る。⑩の周りをひとまわり大きく囲み、余った部分はハサミで切る。つなぎ目をマスキングテープでとめる。

シリコンカップにレジン10mℓ（小さじ2）ほどと白い着色料を1〜2滴入れ、つまようじでよく混ぜる。

72

パーツのすき間に、白いレジンをプラバンと同じ高さまで流し込む。

POINT
つまようじを使って少しずつ流し込もう。

UVライトに当てて、硬化させる。しっかり固まったら、枠を外す。

POINT
硬化時間の目安は、レジンの容器などに記載されているので確認を。

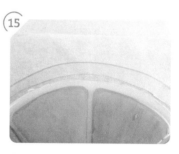

⑪と同様にして、ビニールクロスでさらにひとまわり大きな枠を作る。

シリコンカップにレジン10mℓ（小さじ2）ほどとオレンジの着色料を1〜2滴入れ、つまようじでよく混ぜる。

⑮で作った枠のすき間に、オレンジのレジンを流し込む。白いレジンと同じ高さまで流し込んだら、UVライトに当てて硬化させる。

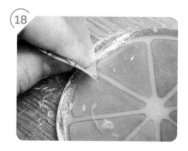

枠からはがし、紙やすりで形を整える。

オレンジの
コースターの
できあがり！

透明レジンをのせる。

つまようじで全体に薄く広げ、UVラ
イトに当てて硬化させる。裏面も同様
にして、透明レジンでコーティングす
る。

アレンジ

そのほかの色

黄色で作るとレモン、緑で作るとライムになる。

紫陽花バレッタ

難易度 | ★★★   かかる時間 | ★★★

細いワイヤーを曲げて作る、繊細な紫陽花のバレッタ。
たくさんそろってきた姿を見ると思わず感動!
普段と違うマニキュアの使い方が新鮮です。

材料 （3×9.5cm 1個分）

- ワイヤー（#26）
- マニキュア（青）
- バレッタ（8cm）1個
- パール（1mm）10～15個

そのほかの色

道具

- 鉛筆
- ペンチ
- ニッパー
- 千枚通し
- スポンジ
- シリコンカップ
- つまようじ
- UVライト
- 名刺カード
- マスキングテープ（3cm幅、1.5cm幅）
- 多用途接着剤

作り方

① ワイヤーをニッパーで15cmほどに切り、鉛筆に巻きつけてクロスさせる。

POINT
慣れないうちは、長めのほうが作業しやすい。

② クロスした部分をペンチではさむ。

POINT
親指と人差し指でワイヤーを押さえながら、つまむように鉛筆を持つ。

③ 鉛筆を4～5回ほど回して、ワイヤーをひねる。

POINT
ペンチは固定したままで!

④ 余ったワイヤーの片方をニッパーで切る。

POINT
ワイヤーが飛んでくることがあるので、気をつけて。

⑤ 鉛筆を抜き取ったら、輪を千枚通しで引っ張って楕円形にする。

POINT
ひねった部分をペンチでおさえて、軽く引っ張る。

⑥ 楕円の下側をペンチでつかむ。

⑦ 指で押してワイヤーに角を作る。

⑧ 紫陽花の花びらの形をイメージして曲げていこう。

⑨ 3箇所に角を作ったら、紫陽花の花びらの枠のできあがり!

POINT
紫陽花の花1つにつき4枚。これを15個分（60枚）作っておく。

紫陽花バレッタ

10 マニキュアを筆にたっぷりととる。

11 筆を横におき、ワイヤーの上を滑らせるように先端まで動かす。

12 ワイヤーを動かし、マニキュアを均等に広げる。すべての花びらパーツを同様にして塗っていく。

13 乾かすときは、スポンジに横向きにさして風通しのよい場所におく。

> **POINT**
> 縦向きにさすと、マニキュアが流れてしまうので注意。

14 シリコンカップにレジンを5㎖（小さじ1）ほど出す。

15 つまようじを使って、⑬の上にレジンを少しずつのせる。

16 同様にして、すべてのパーツにレジンをのせる。

17 UVライトに当てて、しっかり硬化させる。

> **POINT**
> 硬化時間の目安は、レジンの容器などに記載されているので確認を。

18 余ったワイヤーをペンチで切り落とす。

⑲ 名刺カードの上に、3㎝幅のマスキングテープを4㎝分粘着面を上にしておき、1.5㎝幅のマスキングテープで左右を貼る。

⑳ レジンを塗った面を下にして、4枚のパーツを紫陽花の形に並べる。

㉑ つまようじを使い、レジンを全体にぷっくりとなるようにのせる。

POINT
これがパーツのおもて面になる。

㉒ UVライトに当てて、しっかり硬化させる。同様にして、残りのパーツも作る。

㉓ パーツの裏面に多用途接着剤を塗る。

㉔ バランスを見ながら、バレッタに貼り付けていく。

㉕ 上に並んでいる紫陽花の中心に、多用途接着剤でパールを貼り付ける。

㉖

紫陽花バレッタのできあがり！

レジンで作る

77

雨の日モビール

ワイヤーとレジンで作る、透明のしずくを使ったモビール。
ゆらゆら揺れている様子を見ると、不思議と気持ちが
落ち着いてきます。雨の日も楽しくなりそう。

材料（直径約8.5×21㎝ 1個分）　　そのほかの色　　　**道具**

- ◈ワイヤー
- ◈レジン
- ◈レジン用着色料
  （青）
- ◈テグス
- ◈カシメ玉 20個

- ◈ビーズ
  30〜35個
- ◈紙バンド
- ◈パールビーズ
  8〜9個

- ◈ニッパー
- ◈ペンチ
- ◈マスキングテープ
- ◈名刺カード
- ◈シリコンカップ

- ◈つまようじ
- ◈UVライト
- ◈ハサミ
- ◈クッキー型
- ◈クリップ
- ◈木工用接着剤

作り方

1 ワイヤーをニッパーで10cmくらいの長さに切り、しずくの形に曲げる。

2 ペンチでつなぎ目をおさえ、3~4回ほどねじる。

POINT
ペンチは固定したまま、ワイヤーを動かす。

3 余ったワイヤーの片方をニッパーで切る。

POINT
ワイヤーが飛んでくることがあるので、気をつけて。

4 切らなかったほうのワイヤーをペンチでくるっと曲げ、小さな輪を作る。

5 余った部分をニッパーで切ったら、しずくパーツの枠の完成!

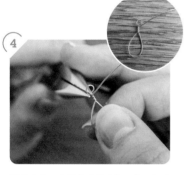

6 名刺カードの上に、3cm幅のマスキングテープ3cm分を粘着面を上にしておき、1.5cm幅のマスキングテープで左右を貼る。しずくパーツの枠をのせる。

7 シリコンカップにレジン3ml(小さじ1/2強)ほどを入れ、青の着色料を1~2滴たらし、つまようじでよく混ぜる。

8 しずくの枠の中にレジンを流し込み、つまようじで全体に広げる。

9 UVライトに当てて、硬化させる。

POINT
硬化時間の目安は、レジンの容器などに記載されているので確認を。

雨の日モビール

透明レジンをぷっくり膨らむようにつまようじでのせ、UVライトに当てて硬化させる。

裏面も同様にして、透明レジンをぷっくりと膨らむようにのせ、UVライトで硬化させる。

テグスを30cm程度に切る。輪に通し、端で2回結んで固定する。

POINT
慣れないうちは、長めに切ると作業がしやすい。

余ったテグスをハサミで切る。

カシメ玉を通したら、しずくパーツより2～3cm上でペンチで潰し、固定する。

ビーズを3個通す。

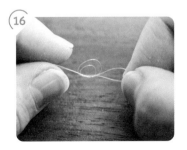

テグスの端を輪にして、結ぶ。余ったテグスはハサミで切る。

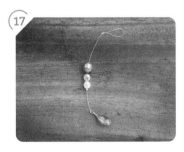

パーツのできあがり! 同様にしてパーツを8～9個作る。

POINT
しずくパーツの色やビーズの種類、テグスの長さなどはお好みでアレンジ!

紙バンドを木工用接着剤とクリップでとめながら、輪を作る。

POINT
今回は直径9cmほどのクッキー型を目安に製作。

80

⑲ 強度を高めるために2重にする。乾く
までクリップでとめておく。乾いたら
クッキー型をはずす。

⑳ ⑲の内側に、木工用接着剤でパールビ
ーズをつける。

POINT

バランスを見ながら、パーツの数に合
わせて等間隔に8〜9個つける。

㉑ テグスを20cmくらいの長さに切り、
端が輪になるように結ぶ。同じものを
3本作る。

㉒ 3本のテグスをまとめ、端から6〜7cm
くらい下で結ぶ。

POINT

これがモビールのつり下げ部分になる。

㉓ 端を輪にしていないほうのテグスを2
本切る。

㉔ 残った1本のテグスにビーズを3個通
す。

㉕ 先が輪になるように結ぶ。余った部分
は切る。

㉖ テグスの先の3つの輪を紙バンドが水
平になるように、パールビーズにバラ
ンスよく引っ掛ける。⑰のパーツを
パールビーズにぶら下げる。

**雨の日モビールの
できあがり!**

㉗

POINT

テグスとパールビーズを木工用接着剤
で固定するとしっかりした作りになる。

風船ブローチ

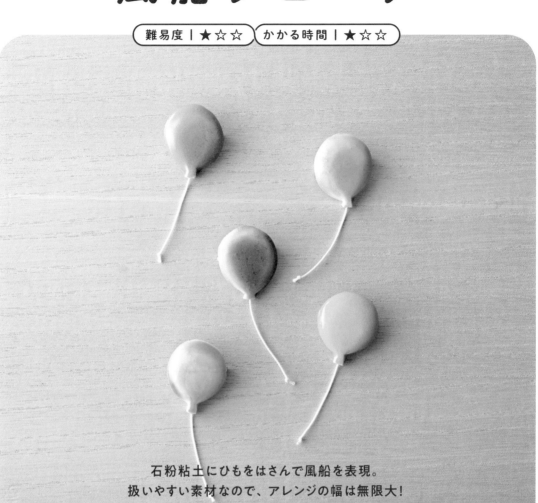

石粉粘土にひもをはさんで風船を表現。
扱いやすい素材なので、アレンジの幅は無限大！
レジンを塗ると、陶器のような高級感のある仕上がりになります。

82

材料 （ひもを入れて2.5×8cm 1個分）

- 石粉粘土
- レジン
- レジン用着色料（赤）
- 唐うちひも（白）5cm
- ブローチピン（25mm）1個

そのほかの色

道具

- コピー用紙
- ペン
- 厚紙
- ハサミ
- 粘土板
- 割り箸
- めん棒
- デザインナイフ
- ピンバイス
- 紙やすり
- マスキングテープ
- クリアファイル
- シリコンカップ
- つまようじ
- 多用途接着剤

作り方

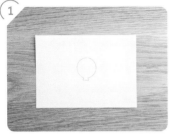

①
コピー用紙にペンで風船の形を描く。
厚紙に写し取ったらハサミで切って型
紙を作る。

POINT
今回は直径3cmくらいの大きさで製作。

②
粘土板の上に割り箸を2本おく。

③
石粉粘土をのせて、めん棒で伸ばす。

POINT
割り箸をおくことで、均一に広げるこ
とができる。

④
①の型紙に合わせて、石粉粘土をデザ
インナイフで切る。

⑤
風通しのよい場所におき、しっかりと
乾かす。

⑥
風船の下に、ピンバイスで穴を開ける。

⑦
紙やすりで削り、角を落とす。全体に
もやすりがけをし、なめらかに仕上げ
る。

⑧
裏面にマスキングテープを輪にして貼
り、5cm×8cmに切ったクリアファイ
ルの上に貼り付ける。

⑨
シリコンカップにレジン5ml（小さじ
1）ほどを入れ、赤の着色料を1～2滴
たらして、つまようじでよく混ぜる。

レジンで作る

83

風船ブローチ

10

つまようじで赤いレジンを全体に塗る。

11

UVライトに当てて、硬化させる。

POINT
硬化時間の目安は、レジンの容器など
に記載されているので確認を。

12

裏側にも同様にして赤いレジンを塗り、
UVライトで硬化させる。

13

唐うちひもを4cmくらいの長さに切り、
先端を結ぶ。

14

結んでいないほうに多用途接着剤を塗
り、つまようじで⑥で開けた穴に差
し込む。

15

ブローチピンに多用途接着剤を塗り、
裏側に貼り付け、しっかりと乾かす。

16

風船ブローチの
できあがり!

アレンジ

魚の形にしてもかわいい。石粉粘土は自由に形を作れるので、
いろいろアレンジしてみよう。

ろうそくで作る

色使いや流し方、混ぜるタイミング、型の選び方などでさまざまな形に変化するキャンドル。すべての作品が、ろうそくとクレヨンだけで作れます。ただし、ろうそくを取り扱うときは火傷に注意して。

ラッキースターキャンドル

難易度｜★☆☆　　かかる時間｜★★☆

小さな星を透明グラスに入れた変わり種キャンドル。
型抜き作業が楽しくてクセになりそう。
混ぜるクレヨンの量を変え、グラデーションを作るとキレイです。

材料 （直径9cmのグラス1個分）

♣ 仏壇用ろうそく
　（10号）3本
♣ クレヨン（青、水色）
♣ 耐熱グラス 1個

そのほかの色

道具

♣ ホットプレート
♣ 耐熱容器
♣ 混ぜ棒
♣ カッター

♣ バット（13×10cmくらい）
♣ アルミホイル
♣ 星の抜き型（直径1cm）
♣ ハサミ

86

作り方

① 仏壇用ろうそくを折る。

② 引き抜いて、ろうそくと芯を分ける。

③ 中の芯は取り出して、おいておく。

④ 耐熱容器にろうそくを入れ、ホットプレートで加熱して溶かす。

POINT
温度は最も低い設定でOK！

⑤ クレヨンをカッターで削る。

⑥ ④に加えて混ぜ、色をつける。

POINT
割り箸やスプーンで混ぜてもOK！

⑦ バットにアルミホイルを敷く。

⑧ ⑥を流し入れる。

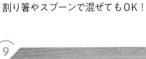

⑨ 表面が不透明になるまで、しばらくおく。

POINT
ろうそくが固まりすぎるとうまく型で抜けなくなるので、様子をよく見ておこう。

ラッキースターキャンドル

星の抜き型でくり抜く。

POINT
ろうそくはどんどん固まっていくので、
テンポよく進めよう。

全体をくり抜く。

ろうそくがしっかりと固まったら、ア
ルミホイルからゆっくりとはがす。

ろうそくを割りながら、くり抜いた星
を取り出す。

POINT
入れるクレヨンの色や量で、ろうそく
の色に変化を加えながら、同様の手順
で2色ほど作る。

アルミホイルを手のひらにのるくらい
の大きさにハサミで切る。

角から中心に向かって、ななめに切り
込みを入れる。

③で取り出したろうそくの芯を真ん
中に差し込む。

アルミホイルをくしゃっと丸めて、芯
を固定する。

POINT
アルミホイルで台を作るイメージ。

アルミホイルの底を溶かしたろうそく
に浸す。

88

⑲ 耐熱グラスの真ん中に芯を立てる。ろうそくが冷えると、中心に固定される。

⑬で作った星を入れる。

星の量に合わせて、ハサミで芯を切る。

ラッキースター
キャンドルの
できあがり！

ろうそくで作る

89

アレンジ

追加の材料

◆クレヨン
（白・ピンク）

ピンクのクレヨンで色付けし、桜の花びら型で抜くと桜のキャンドルに。

POINT
色や抜き型を変えて、いろいろアレンジしても楽しい！

アイスクリームキャンドル

難易度 ｜ ★ ★ ☆　　かかる時間 ｜ ★ ☆ ☆

火をつけると
溶け始めるのが面白い、
本物そっくりの
アイスクリームキャンドル。
色の混ぜ具合で、
さまざまなアイスを
表現することができます。

材料（直径8㎝×高さ5㎝ 1個分）

❖ 仏壇用ろうそく（10号）3本
❖ クレヨン（白、ピンク）

道具

❖ ホットプレート　　　❖ ラップ
❖ 耐熱容器　　　　　　❖ スプーン
❖ 混ぜ棒　　　　　　　❖ ピンバイス
❖ ガチャガチャのカプセル　❖ ハサミ

作り方

仏壇用ろうそくを折る。

引き抜いて、ろうそくと芯を分ける。

中の芯は取り出して、おいておく。

2個の耐熱容器にろうそくを入れ、ホットプレートで加熱して溶かす。

POINT
ひとつは余裕を持って多めに溶かしておく。もうひとつは少しでOK。

白とピンクのクレヨンをカッターで削る。

④のろうそくにクレヨンを混ぜる。多いほうは白いクレヨンを多めに混ぜて薄いピンクに、少ないほうはピンクのクレヨンを多めに混ぜて濃いピンクにする。

2個の耐熱容器をホットプレートからおろす。

上に膜が張るまでしばらくおく。

膜が張ったらスプーンで混ぜる。ほろほろの状態になるまで続ける。濃いピンクのろうそくも同様にして混ぜる。

POINT
固まりすぎても、もう一度加熱して溶かすとやり直せるから大丈夫！

ろうそくで作る

91

アイスクリームキャンドル

2色のろうそくを1つの容器に集め、全体をほどよく混ぜる。

ガチャガチャのカプセルにラップをかぶせる。

カプセルにろうそくを詰める。

POINT

ろうそくはどんどん固まってしまうので、手早く詰める作業をしよう。

はみ出るくらいまで、こんもりと入れる。

別のラップを上からかぶせる。

上から手で押してしっかりと詰め、形を整える。

しっかりと固まったら、カプセルからはずす。

ピンバイスで中心に穴をあける。

③で取り出したろうそくの芯を差し込み、適度な長さにハサミで切る。

⑲

いちごのアイスクリーム
キャンドルのできあがり!

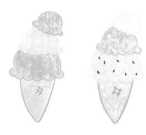

そのほかの色

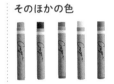

ろうそくで作る

93

アレンジ

クレヨンの分量や、色違いの
ろうそくの混ぜ方でいろいろ
なアイスが作れる。

POINT

うすだいだい色とこげ茶色な
らチョコチップアイス、水色
と白ならバニラソーダ、黄緑
と白ならメロンソーダなど、
お好みでアレンジしてみて。

鉱石キャンドル

キャンドルで作った色違いの層を、カッターで切るとツヤツヤに！
色の重ね方や切り方で個性が出せます。
好きな鉱石を思い浮かべながら作ってみて。

94

材料 （約3×3×3cm 1個分）

- 仏壇用ろうそく（10号）2本
- クレヨン（ピンク、青）

道具

- ホットプレート
- 耐熱容器
- 混ぜ棒
- 紙コップ（60mℓ）
- 千枚通し
- マスキングテープ
- 割り箸
- ハサミ
- カッター

作り方

①
仏壇用ろうそくを折る。

②
引き抜いて、ろうそくと芯を分ける。

③
中の芯は取り出して、おいておく。

④
2つの耐熱容器にろうそくを入れ、ホットプレートで加熱して溶かす。

⑤
ピンクと青のクレヨンをカッターで削る。

⑥
④にクレヨンを混ぜ、ピンクと青のろうそくを作る。

⑦
紙コップの底に千枚通しで穴をあける。

⑧
③で取り出したろうそくの芯を差し込む。

⑨
底に芯を2cmほど出して折り曲げ、マスキングテープでとめる。

鉱石キャンドル

10 紙コップの上に割り箸をおき、間に芯を挟み込んで固定する。

POINT
割れていない割り箸の挟む力を利用する。

11 ピンクのろうそくを1cmくらい流し込む。

POINT
一度にたくさん流すとすき間からもれ出すので、先に土台を作るイメージで。

12 表面に膜が張るまで、しばらくおく。

13 再度、ピンクのろうそくを1cmくらい流し込む。

POINT
流し込む量を変えることで色の違いを表現できる。いろいろとアレンジしてみて。

14 表面に膜が張るまで、しばらくおく。

15 青いろうそくを2cmほど流し込み、全体がしっかり固まるまでしばらくおく。

POINT
そのまま動かさないようにして冷ますと、境目が自然と混ざってキレイなグラデーションになる。

16 紙コップにハサミで切れ込みを入れる。

17 紙コップをやぶってはがし、中身を取り出す。

18 底面の余分な芯を根元で切る。

⑲

さまざまな角度からカッターで削る。

POINT

石の形をイメージしながら削っていこう。

⑳

鉱石キャンドルの
できあがり！

POINT

選ぶ色や重ねる色の分量、削り方などでイメージが変わるので、お好みでアレンジしてみて。

ろうそくで作る

97

アレンジ

そのほかの色

白と緑のグラデーションで作ったキャンドルも。元の形をいかすと、まるでゼリーのよう。

さくらキャンドル

白とピンクのろうそくを一度に流し込んでマーブル模様に。
桜の繊細な表情を映し取ります。型に流し込むだけなので、
初心者さんでも簡単♪　水に浮かべても素敵です。

材料 （直径3cm×高さ1cm　3個分）

- 仏壇用ろうそく（10号）1本
- クレヨン（ピンク、白）

道具

- ホットプレート
- 耐熱容器
- カッター
- 混ぜ棒
- クッキー型（桜）
- サラダ油
- キッチンペーパー
- 透明テープ
- ピンバイス
- ハサミ
- クッキングシート
- つまようじ

作り方

1 仏壇用ろうそくを折る。

2 引き抜いて、ろうそくと芯を分ける。

3 中の芯は取り出して、おいておく。

4 2つの耐熱容器にろうそくを入れ、ホットプレートで加熱して溶かす。

5 ピンクのクレヨンをカッターで削る。

6 白のクレヨンをカッターで削る。

7 ④にピンクのクレヨンを入れて混ぜる。

8 もうひとつには白いクレヨンを入れて混ぜ、ピンクと白のろうそくを作る。

9 桜のクッキー型の内側に、キッチンペーパーでサラダ油を薄く塗る。

POINT

こうすることで、クッキー型からキャンドルが抜けやすくなる。

ろうそくで作る

99

さくらキャンドル

クッキー型を透明テープに貼り付ける。

指でおさえて、すき間ができないようにしっかり貼り付けよう。

2色のろうそくを同時に薄く流し込み、表面に膜が張るまでしばらくおく。

一度にたくさん流すとすき間からもれ出すので、先に土台を作るイメージで。

再度、2色のろうそくを同時に流し込む。

全体がしっかり固まるまで、動かさずにおいておく。

透明テープをはがして指で押し込み、クッキー型から取り出す。

中心にピンバイスで穴をあける。

③で取り出したろうそくの芯を穴に差し込み、ハサミでちょうどいい長さに切る。

クッキングシートにピンクのろうそくを少量たらす。

固まり始めたら、つまようじで少しとる。

とったろうそくを⑯の裏側の穴の上
にのせる。

指でおさえて入れ込み、穴を埋める。

POINT

こうすることで、芯が抜けにくくなる。

**さくらキャンドルの
できあがり！**

POINT

ピンクと白、2色の混ぜ加減でさまざ
まな表情の桜を作ってみて。

青空キャンドル

（ 難易度 | ★ ★ ☆ ）（ かかる時間 | ★ ☆ ☆ ）

青いろうそくを流し込む前に、固まりかけの白いキャンドルで
雲を作ります。雲の位置や大きさ、
配置の仕方などで個性を出すのが楽しい!

材料 （直径6cm×高さ1.3cm 1個分）

- 仏壇用ろうそく（10号）2本
- クレヨン（青）

道具

- ホットプレート
- 耐熱容器
- カッター
- 混ぜ棒
- セルクル型（60mm）
- サラダ油
- キッチンペーパー
- 透明テープ
- スプーン
- ピンバイス
- ハサミ
- クッキングシート
- つまようじ

作り方

① 仏壇用ろうそくを折る。

② 引き抜いて、ろうそくと芯を分ける。

③ 中の芯は取り出して、おいておく。

④ 2つの耐熱容器にろうそくを入れ、ホットプレートで加熱して溶かす。

⑤ 青のクレヨンをカッターで削る。

⑥ ④に青のクレヨンを入れて混ぜる。もう1つの耐熱容器のろうそくは、着色せずにおいておく。

⑦ セルクル型の内側に、キッチンペーパーでサラダ油を薄く塗る。

POINT

こうすることで、セルクル型からキャンドルが抜けやすくなる。

⑧ セルクル型を透明テープに貼り付ける。

POINT

指でおさえて、すき間ができないようにしっかり貼り付けよう。

⑨ 無着色のろうそくをホットプレートからおろし、膜が張るまでしばらくおく。

青空キャンドル

ほろほろの状態になるまで、全体を混ぜる。

セルクル型の内側にバランスを見ながら並べる。

POINT

雲をイメージしながら配置しよう。

⑥で作った青いろうそくを薄く流し込む。

POINT

一度にたくさん流すとすき間からもれ出すので、先に土台を作るイメージで。

表面に膜が張るまでしばらくおく。

⑪でおいた雲が隠れる高さまで、青いろうそくを流し込み、全体が固まるまでしばらくおく。

POINT

見本は高さ1.3cmくらい。

透明テープをはがして指で押し込み、セルクル型から取り出す。

中心にピンバイスで穴をあける。

③で取り出したろうそくの芯を穴に差し込み、ハサミでちょうどいい長さに切る。

クッキングシートに青いろうそくを少量たらす。

⑲ 固まり始めたら、つまようじで少しとる。

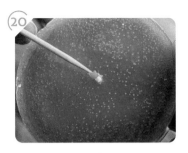

⑳ とったろうそくを⑰の裏側の穴の上にのせ、指でおさえて入れ込み、穴を埋める。

㉑

青空キャンドルのできあがり！

アレンジ

そのほかの色

オレンジと紫でグラデーションにすると、夕焼け空のような幻想的なデザインに。

POINT

雲を入れた後、オレンジ色と紫色が半々になるように一緒に流し込むと、グラデーションになる。

どんぐりキャンドル

難易度｜★★☆　　かかる時間｜★☆☆

見た目も感触も、誰もが本物と見間違えるような驚きのデザイン。
4色のろうそくを作り、筆で塗り重ねてリアルな色味を表現していきます。

材料（直径1.5cm×高さ2.5cm 5個分）

- 仏壇用ろうそく（10号）1本
- クレヨン（うすだいだい、黄土色、茶色、こげ茶色）

道具

- ホットプレート
- 耐熱容器
- カッター
- 混ぜ棒
- クッキングシート
- ハサミ
- つまようじ
- 筆
- 歯ブラシ

作り方

1
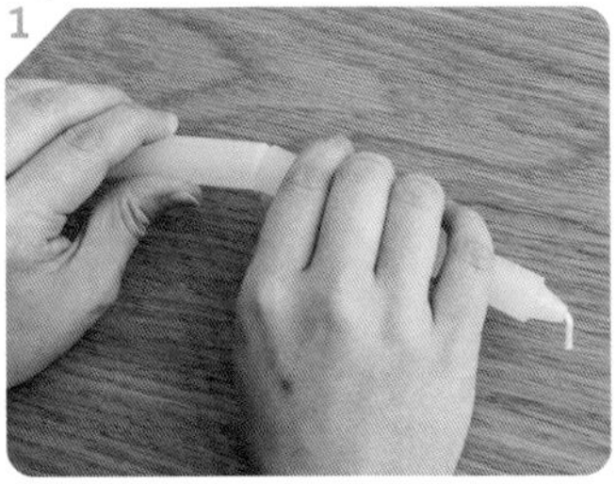
仏壇用ろうそくを折る。

2
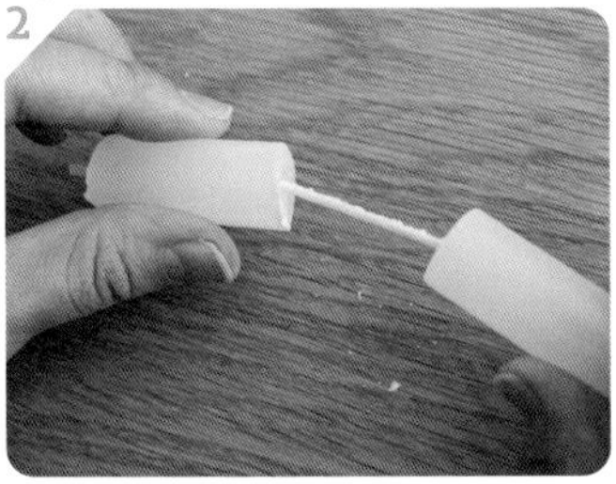
引き抜いて、ろうそくと芯を分ける。

3
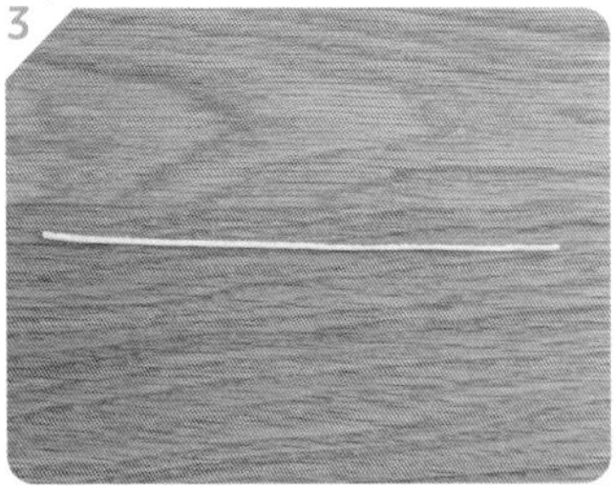
中の芯は取り出して、おいておく。

4
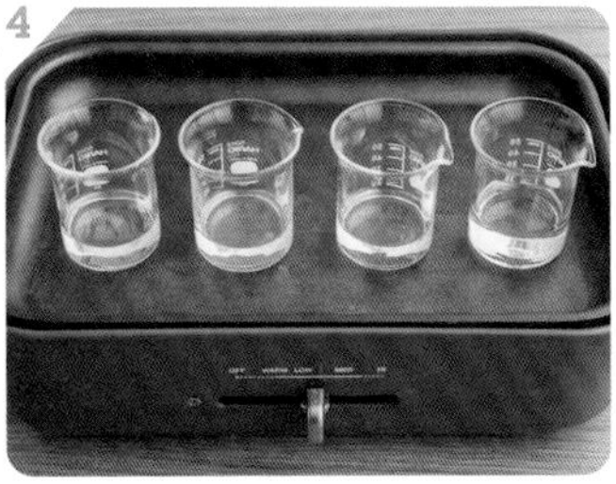
4つの耐熱容器にろうそくを入れ、ホットプレートで加熱して溶かす。

5
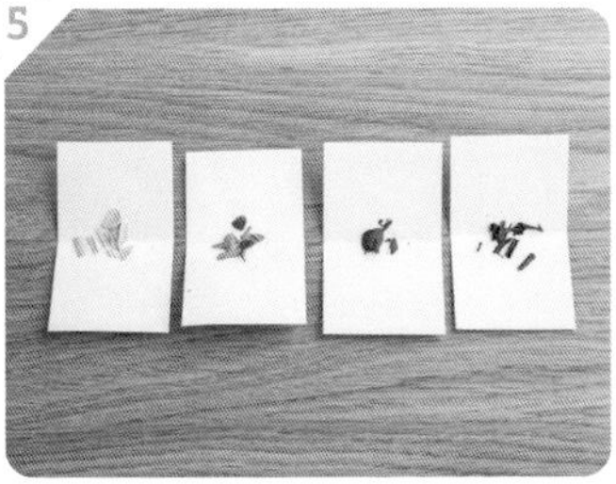
うすだいだい、黄土色、茶色、こげ茶色のクレヨンをカッターで削る。

6
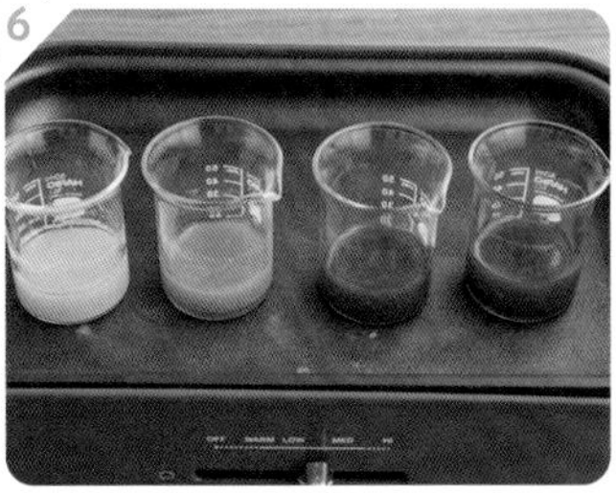
④に⑤のクレヨンをそれぞれ入れて混ぜる。

7
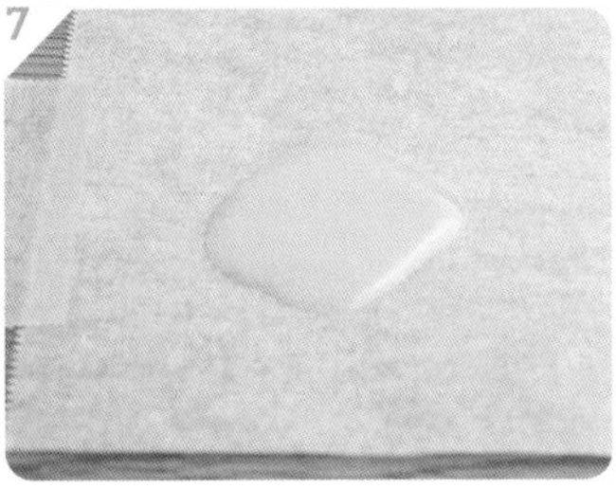
クッキングシートにうすだいだいのろうそくをたらす。

8
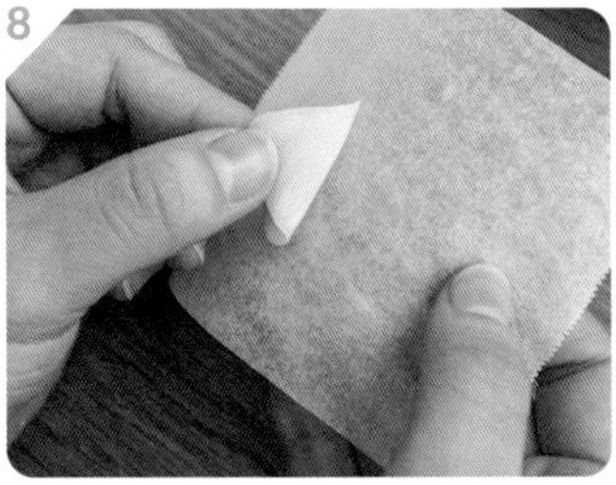
手で触れるくらいの温度になったら、クッキングシートからはがす。

POINT
固まってしまう前に、手早く作業しよう。

9
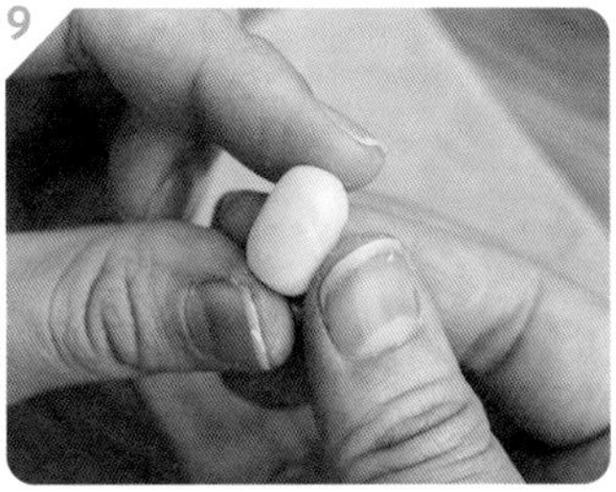
どんぐりの形になるように、手で丸める。

どんぐりキャンドル

つまようじで中心に穴をあける。

③で取り出したろうそくの芯を穴に差し込み、ハサミでちょうどいい長さに切る。

反対側からつまようじを軽く刺し、持ち手にする。

黄土色のろうそくを筆にとる。

⑫に塗る。

POINT
塗るときは筆を縦に動かすと、どんぐりらしい質感になる。

茶色のろうそくを筆に取り、同様にして縦に筆を動かしながら塗り重ねる。

こげ茶色のろうそくを筆に取り、同様にして縦に筆を動かしながら塗り重ねる。

表面が乾いたら、つまようじをはずす。

手のひらの上でころころと転がす。

PART 4

⑲ 何度か転がしているうちに、表面に光沢が出る。

⑳ どんぐりの底（つまようじを刺していたほう）をカッターで切り落とす。

㉑ うすだいだいのろうそくを筆ですくい、切った部分にぷっくりとのせる。

⑳が固まり始めたら、歯ブラシで軽く叩いて質感を出す。

㉓

どんぐりキャンドルのできあがり！

ろうそくで作る

アレンジ

そのほかの色

大きさや形、色合いなど微妙に変えながら、いろいろなどんぐりを作ってみよう。

POINT

たくさん作って袋に入れておくと、ますます本物みたい！

おわりに

『プラ板で作る紫陽花』の動画を公開したときに、
見てくださった方からこのようなコメントをいただきました。

「入院しているおばあちゃんに、作ってあげようと思います。
紫陽花、まだ見ていないと思うので!」

このコメントが、今でもすごく印象に残っています。
作品をプレゼントしてもらったおばあちゃんは、
どう感じられたでしょうか？　その反応を見て、
作った方は何を感じたのでしょうか？

「自分の好きなものを好きなように作る」のが
もの作りの魅力ですが、誰かの喜ぶ顔を想像して
始めるもの作りも、とってもいいなと思いました。

相手は何が好きだろう？　どうしたら喜んでくれるだろう？
と考える時間は、とても楽しく、大切なもの。
時間をかけて考えて作ったものをプレゼントし、それを喜んで
もらえたときの喜びは、ほかでは味わえません。

もの作りをひとつのコミュニケーション方法とするなら、
受け取る人の存在が必要不可欠です。私のもの作りの
活動が続き、このような書籍という形になったこと。
それは、普段から作品を見てくださっている方、
この本を手に取ってくださっている方の豊かな感性に
よるものだと思います。本当に、ありがとうございます。

自分が好きなものを見つけ、探求することのワクワク感。
誰かが喜ぶことを考え、画策することのドキドキ感。
どちらもとても面白く、終わりがありません。
まずはあまり遠くを見ずに、目の前だけを見て、
始めるのがいいのかなと思います。
休み休み、ゆっくりと、もの作りを楽しんでいきましょう。

かっぱ

YouTubeチャンネルで
紹介している作品たち。
細かいパーツを重ねて作
るキャンドルやつまみ細
工は、時間をかけて少し
ずつ完成していく姿に喜
びを感じます。

STAFF

撮影 ♣ 三好宣弘（RELATION）

装丁・デザイン ♣ 細山田光宣　狩野聡子（細山田デザイン事務所）

イラスト ♣ かっぱ

文 ♣ 上村絵美

校正 ♣ 麦秋新社

編集 ♣ 森摩耶　川上隆子（ワニブックス）

飾る　身につける　贈る

はじめての手作り小物

2021年8月12日　初版発行

著　者　かっぱ

発行者　横内正昭

編集人　青柳有紀

発行所　株式会社ワニブックス
　　　　〒150-8482
　　　　東京都渋谷区恵比寿 4-4-9 えびす大黒ビル
　　　　電話　03-5449-2711（代表）
　　　　　　　03-5449-2716（編集部）
ワニブックス HP　http://www.wani.co.jp/
WANI BOOKOUT http://www.wanibookout.com/

印刷所　大日本印刷株式会社
DTP　　オノ・エーワン
製本所　ナショナル製本